AF460599

RÈGLEMENT GÉNÉRAL

POUR

LES COLONIES ET MAISONS PÉNITENTIAIRES

DES JEUNES DÉTENUS.

TABLE.

(C.)

RÈGLEMENT GÉNÉRAL

POUR

LES COLONIES ET MAISONS PÉNITENTIAIRES

AFFECTÉES A L'ÉDUCATION CORRECTIONNELLE

DES JEUNES DÉTENUS.

PARIS.

IMPRIMERIE IMPÉRIALE.

M DCCC LXIX.

MINISTÈRE
DE L'INTÉRIEUR.

DIVISION DES PRISONS
ET
ÉTABLISSEMENTS PÉNITENTIAIRES.

1er BUREAU.

COLONIES
ET
MAISONS PÉNITENTIAIRES
DE
JEUNES DÉTENUS.

CIRCULAIRE N° 5.

RÈGLEMENT GÉNÉRAL.

Paris, le 10 avril 1869.

Monsieur le Préfet, la loi du 5 août 1850 a subordonné la fondation des colonies privées de jeunes détenus à l'approbation, par l'Administration supérieure, d'un règlement ayant pour objet de déterminer, dans chacun de ces établissements, le régime qui, soit au point de vue matériel, soit au point de vue moral ou disciplinaire, doit y être appliqué.

La loi avait admis que l'initiative de ces règlements appartiendrait aux fondateurs des colonies privées, et qu'en général l'Administration n'aurait à intervenir que pour sanctionner leurs propositions. Mais l'expérience a prouvé que les personnes qui offraient de créer des colonies éprouvaient quelque embarras pour formuler des règlements précis, pour la rédaction desquels il n'existait, avant 1850, aucun précédent; elle a montré, en même temps, qu'il existait un certain nombre de prescriptions essentielles que l'Administration avait le devoir d'imposer, sans distinction, à tous les établissements de ce genre.

Ces considérations ont décidé l'Administration à préparer un règlement général auquel seraient assujetties, d'une manière uniforme, toutes les colonies privées, sauf, d'ailleurs, aux Directeurs de ces colonies à les compléter par des règlements particuliers, qui statueraient sur les questions de détail, et qui pourraient subir des modifications, suivant le climat ou la localité, et s'adapter aux circonstances spéciales à chaque établissement.

L'Administration a pensé, en même temps, qu'avant d'attribuer à ce règlement général un caractère définitif, il convenait de le soumettre à une expérimentation approfondie.

Dans ce but, un projet a été adressé à Messieurs les Préfets. Les Directeurs des colonies ont été invités à en faire l'application, les Inspecteurs généraux à en vérifier le fonctionnement et à en constater les résultats.

Cet essai s'est poursuivi pendant cinq ans. Il a confirmé, dans leur ensemble, les dispositions qui avaient été précédemment arrêtées; il a, en même temps, permis de reconnaître quelques améliorations qu'il était utile d'y introduire, et quelques lacunes qu'il était nécessaire de combler.

J'ai l'honneur de vous adresser, aujourd'hui, Monsieur le Préfet, le Règlement général, complété et approuvé définitivement, sur l'avis du conseil de l'Inspection générale des prisons. Les prescriptions qu'il contient, élaborées avec soin et sanctionnées par la pratique, doivent désormais être regardées comme rigoureusement obligatoires, sauf les dérogations exceptionnelles qui pourraient être motivées, sur quelques points, et pour lesquelles les Directeurs des colonies privées devront se munir d'une autorisation spéciale.

Les dispositions de ce Règlement sont suffisamment précises, et il serait superflu d'y ajouter des explications. Elles sont, d'ailleurs, pour la plupart, la reproduction du règlement provisoire en vigueur depuis 1864. Celles qui ont été formulées pour la première fois, ou modifiées, dans le nouveau règlement, ont pour objet la fixation du nombre minimum des agents préposés à la garde des enfants; l'organisation d'un service de surveillance de jour et de nuit dans les dortoirs; l'enseignement élémentaire des notions théoriques les plus usuelles de l'agriculture et de l'horticulture; les engagements militaires; les dépôts à la caisse d'épargne des fonds appartenant aux jeunes détenus; l'interdiction absolue de tout châtiment corporel; le régime des enfants punis de la cellule; l'envoi des indisciplinés dans les colonies correctionnelles; les mesures de préservation à prendre à l'égard des mineurs libérés, dont la mauvaise conduite serait constatée; enfin, le contrôle des Inspecteurs généraux sur la situation de ceux qui doivent être mis en liberté, dans le courant de l'année. Les prescriptions relatives à l'alimentation n'ont pas été modifiées d'une manière sensible.

L'étude du Règlement définitif fait ressortir toute l'importance des mesures qui concernent le régime matériel et le développement physique des jeunes détenus; mais on y trouve surtout la preuve que l'éducation morale et religieuse de ces enfants tient la première place dans les préoccupations de l'Administration. Pour obtenir un résultat qui réponde à nos efforts communs, il est indispensable que les fondateurs de ces établissements se pénètrent de la même pensée. Ils ne devront jamais perdre de vue que les jeunes détenus placés sous leur garde ne leur sont pas confiés comme un instrument de travail lucratif; que la loi, dans sa prévoyance paternelle, s'est moins proposé de punir ces enfants que de les réformer, et qu'il n'est pas impossible de remplir ce vœu de la loi en faisant revivre en eux, avant de les rendre à la société, l'amour du bien et le sentiment du devoir.

Le nouveau Règlement facilitera aux Directeurs l'accomplissement de cette mission, et à vous-même, Monsieur le Préfet, l'exercice de la surveillance qui vous est dévolue.

Il ne dispensera pas, d'ailleurs, les Directeurs des divers établissements de proposer le règlement intérieur prévu par l'article 6 de la loi du 5 août 1850. Vous vous concerterez, à cet égard, avec les fondateurs et avec les conseils de surveillance.

Dans le cas où quelques explications complémentaires leur paraîtraient utiles, ils pourront se reporter, avec fruit, aux instructions ministérielles qui régissent les établissements de jeunes détenus, et, notamment, aux circulaires d'ensemble des 20 mars 1868 et 1869.

Vous trouverez, ci-joint, exemplaires du Règlement général, pour vos bureaux, pour l'établissement correctionnel d
et pour le conseil de surveillance.

Vous voudrez bien m'accuser réception de la présente circulaire.

Recevez, Monsieur le Préfet, l'assurance de ma considération très-distinguée.

Le Ministre de l'Intérieur,

DE FORCADE LA ROQUETTE.

MINISTÈRE
DE L'INTÉRIEUR.

DIVISION DES PRISONS
ET
ÉTABLISSEMENTS PÉNITENTIAIRES.

1er BUREAU.

ARRÊTÉ.

LE MINISTRE DE L'INTÉRIEUR,

Vu la loi du 5 août 1850, sur l'éducation et le patronage des jeunes détenus;

Vu la circulaire du 31 mars 1864 et le projet de règlement y annexé;

Vu l'avis du conseil des Inspecteurs généraux des prisons, en date du 12 avril 1867;

Sur le rapport du Conseiller d'État, Secrétaire général,

ARRÊTE :

ARTICLE PREMIER.

Est approuvé, pour être mis en vigueur, à partir de la notification du présent arrêté, le Règlement général pour les colonies et maisons pénitentiaires de jeunes détenus, dont la teneur est ci-annexée.

ART. 2.

Le Conseiller d'État, Secrétaire général du Ministère de l'Intérieur, est chargé de veiller à l'exécution du présent arrêté.

DE FORCADE LA ROQUETTE.

Paris, le 10 avril 1869.

RÈGLEMENT GÉNÉRAL

POUR

LES COLONIES ET MAISONS PÉNITENTIAIRES

AFFECTÉES À L'ÉDUCATION CORRECTIONNELLE

DES JEUNES DÉTENUS.

CHAPITRE PREMIER.

DES PLANS ET DU RÉGIME INTÉRIEUR.

1. Aux termes de l'article 6 de la loi du 5 août 1850, les particuliers ou les associations, qui se proposent de créer des colonies pénitentiaires pour les jeunes détenus, doivent adresser au Ministre de l'intérieur une demande en autorisation, et produire à l'appui les plans et projets relatifs à la construction de ces établissements, ainsi que les règlements intérieurs qu'ils entendent y appliquer.

Les plans et projets indiqueront la situation, la nature et la contenance des terrains divisés en hectares; l'espèce de matériaux employés, les dimensions des bâtiments, le nombre des étages, le cube de chaque pièce, la destination de chacun des locaux, etc.

2. Avant d'autoriser la fondation d'un établissement de jeunes détenus, l'Administration fera contrôler, sur place, les renseignements dont il s'agit par un inspecteur général; elle prescrira les appropriations nécessaires et fera ensuite constater leur exécution.

3. Les corporations religieuses devront fournir les mêmes renseignements et se soumettre au même contrôle, relativement aux bâtiments et dépendances de communautés dans lesquels elles vou-

2.

draient fonder des établissements pénitentiaires affectés à l'éducation des jeunes délinquants.

4. Le règlement intérieur de la colonie projetée fera connaître les dispositions que le fondateur se propose d'adopter, en ce qui concerne :

L'instruction morale et religieuse,

L'enseignement primaire,

Le régime disciplinaire,

L'enseignement professionnel,

La rémunération du travail des enfants,

Le régime alimentaire,

Le service de santé,

Le vestiaire, le coucher, etc.,

Les secours aux libérés au moment de la sortie et hors de l'établissement, quand il y aura lieu.

Ce règlement intérieur ne pourra être mis en vigueur qu'après l'approbation du Ministre.

CHAPITRE II.

DU PRIX DE JOURNÉE ALLOUÉ AUX FONDATEURS.

5. Les personnes ayant obtenu, suivant l'article 6 de la loi du 5 août 1850, l'autorisation de fonder soit une colonie, soit une maison pénitentiaire, reçoivent un prix de journée déterminé par l'acte de concession, à la charge par elles de pourvoir à tous les frais d'instruction morale, religieuse, primaire et professionnelle, de nourriture, d'habillement, d'entretien, de garde et généralement à toutes les dépenses quelconques des jeunes détenus confiés à leurs soins.

Sera compté au fondateur le jour de la sortie, soit par libération, soit par décès; pour le jour de l'entrée et pour celui de l'évasion d'un jeune détenu, le prix de journée ne sera pas compté.

6. Le fondateur a droit, en outre, au produit intégral de la main-

d'œuvre des enfants, sauf le prélèvement à exercer à leur profit pour récompenses pécuniaires, secours de route en argent et en effets d'habillement au moment de la sortie, ainsi qu'il sera expliqué ci-après.

CHAPITRE III.

DE L'EFFECTIF DES ÉTABLISSEMENTS; DE LEUR SUPPRESSION.

7. La décision ministérielle autorisant la fondation d'une colonie ou maison pénitentiaire détermine le chiffre de son effectif. Les accroissements de population au-dessus de ce chiffre ne peuvent avoir lieu qu'en vertu d'une décision ministérielle. Le maximum de 300 enfants ne sera pas dépassé, quelle que soit l'étendue des terres de l'établissement.

Ces décisions seront rendues sur la proposition motivée du préfet et l'avis du conseil de l'inspection générale des prisons.

8. L'Administration ne s'engage, ni à fournir, dans un délai quelconque, ni à tenir au complet les effectifs qu'elle aura déterminés.

9. Elle se réserve la faculté de retirer de l'établissement les jeunes détenus qu'elle croira devoir mettre en liberté provisoire, ou auxquels elle jugera utile de donner une autre destination.

10. Il ne sera pas dû d'indemnité, en cas de suppression, dans les deux circonstances suivantes : 1° si l'Administration prononçait la suppression d'un établissement dont la gestion donnerait lieu à de graves reproches; 2° si, par suite d'une loi nouvelle qui modifierait essentiellement le mode d'éducation des jeunes détenus, l'Administration était dans l'obligation de retirer ces enfants avant le terme fixé, ou bien à une époque quelconque après la formation de l'établissement, s'il n'a point été fixé de terme.

CHAPITRE IV.

DU DIRECTEUR ET DES AUTRES EMPLOYÉS.

11. Les fondateurs qui ne pourront pas exercer eux-mêmes les fonctions de directeur présenteront, pour remplir cet emploi, un candidat, qui devra être agréé par le Ministre, conformément à l'article 7 de la loi du 5 août 1850.

Ils adresseront au Ministre, par l'intermédiaire du préfet, une notice indiquant les nom et prénoms, l'âge, le lieu de naissance, le dernier domicile, les occupations antérieures de la personne présentée.

12. Les fondateurs ou directeurs feront pareillement agréer par le préfet les employés et surveillants placés sous leurs ordres. Les candidats qui n'offriraient pas toutes les garanties de moralité désirables, ou qui auraient subi des condamnations judiciaires, ne pourront être présentés dans aucun cas.

Le nombre des agents chargés des services de garde et de surveillance devra être, au minimum, dans la proportion de six agents pour cent jeunes détenus.

13. Dans les maisons dirigées par des religieux, il est entendu que ces dispositions ne s'appliquent pas aux pères, mais aux frères et autres personnes employées sous les ordres des pères.

CHAPITRE V.

DES DOSSIERS DES JEUNES DÉTENUS.

14. Chaque jeune détenu, lors de son entrée dans la maison, subira un interrogatoire sur ses antécédents [1].

---

[1] Cet interrogatoire, destiné à confirmer ou à rectifier les renseignements portés sur la notice ou feuille d'enquête, sera fait d'après les questions énoncées dans ce docu-

CHAPITRE VI.

SALUBRITÉ ET PROPRETÉ; SURVEILLANCE DE NUIT.

15. Les jeunes détenus, à leur entrée dans l'établissement, seront dépouillés de leurs linge et vêtements, baignés et revêtus de l'habit de la maison. Les garçons auront les cheveux coupés tous les deux mois. Ils seront, lorsqu'il y aura lieu, rasés une fois par semaine en hiver, et deux fois en été.

16. Le directeur fera laver les pieds aux enfants tous les quinze jours. Il fournira à chacun d'eux au moins deux bains chauds par an. Ceux qui, à raison de leur travail, seraient exposés à se salir le corps, prendront des bains plus fréquemment. Leur linge et leurs draps de lit devront être changés plus souvent.

Le directeur fournira à chaque enfant un peigne, une brosse à tête et un essuie-mains qui sera blanchi tous les quinze jours en hiver et tous les huit jours en été.

Il devra être établi, dans chaque maison, un lavabo où les enfants se nettoieront le matin, avant les repas et avant le coucher.

17. Les dortoirs, ateliers, réfectoires, escaliers, latrines, et généralement toutes les parties de la maison affectées aux jeunes déte-

---

ment. Un résumé des indications obtenues par ces deux modes d'information sera transcrit dans la colonne disposée à cet effet sur le registre d'entrée et de libération, parmi les autres renseignements qu'il doit contenir. (Modèle n° 1 des annexes.)

Il y aura, pour chaque enfant, un dossier renfermant, dans une chemise portant les nom et prénoms du jeune détenu : 1° son extrait de jugement ou d'arrêt; 2° son acte de naissance; 3° sa notice ou feuille d'enquête; 4° l'avis de la commission de surveillance et du médecin de la maison d'arrêt où il aura été précédemment détenu; 5° les lettres venues pour lui du dehors, qui contiendraient d'utiles indications sur la position, la moralité, le lieu de domicile de ses parents, etc.; 6° une fiche indiquant ses nom et prénoms, le lieu de sa naissance et celui de son jugement. Les dossiers et les fiches seront classés, suivant l'ordre alphabétique, de manière à faciliter les recherches par un contrôle réciproque.

nus, seront balayés, nettoyés et lavés, s'il y a lieu, tous les jours. On s'abstiendra de tout moyen de lavage contraire à l'hygiène et à la salubrité.

Les cours de l'établissement seront également nettoyées et tenues dans un état constant de propreté.

18. Le directeur fera blanchir tous les ans, au lait de chaux, les ateliers, les dortoirs, les cages d'escaliers et les corridors de la maison, la chapelle, les réfectoires et généralement toutes les localités où ce procédé peut s'appliquer et qui seraient affectées aux jeunes détenus.

19. Les infirmeries seront blanchies plus souvent, si cela est jugé nécessaire par l'Administration.

20. Les dortoirs seront éclairés toute la nuit; il y sera, en outre, exercé une surveillance continue par un ou plusieurs veilleurs ambulants, selon le nombre, la dimension et la distance séparative des dortoirs.

21. Les écoles et ateliers seront chauffés pendant six mois de l'année, du 15 octobre au 15 avril.

22. Les infirmeries et les salles de bains seront chauffées plus longtemps, si le médecin le juge nécessaire.

CHAPITRE VII.

RÉGIME ALIMENTAIRE DES VALIDES.

23. Le nombre des repas sera de quatre pendant huit mois de l'année, et de trois pendant les quatre autres mois.

24. Le pain se composera, soit de pur froment bluté à 10 p. o/o, soit de 2/3 froment bluté à 12 p. o/o et 1/3 seigle ou orge blutés à 21 p. o/o.

25. Le maïs pourra être admis en remplacement du seigle ou de l'orge, en vertu d'une autorisation ministérielle, mais avec un blutage de 25 p. o/o.

26. Les grains et farines devront nécessairement être de bonne qualité.

27. Le pain de ration sera donné à discrétion.

28. Il y aura au moins deux services gras par semaine [1].

---

[1] Pendant les jours de la semaine qui seront affectés au régime maigre, chaque enfant recevra par jour, en deux distributions, dont l'une au lever, l'autre soit au dîner, soit au repas du soir, 12 décilitres de soupe composée dans les proportions ci-après pour cent individus :

8 kilogrammes de légumes verts, carottes, choux-raves, navets, poireaux, choux, épinards, oseille, etc., bien épluchés, de telle sorte que les carottes, choux-raves, navets et choux soient dans la proportion des deux tiers, et en outre 5 kilogrammes de pommes de terre;

ou 3 kilogrammes de légumes secs,
et 3 kilogrammes de carottes ou oignons épluchés,
$1^k,500$ de graisse,
ou $1^k,600$ de beurre,
$1^k,500$ de sel,
10 grammes de poivre,
10 kilogrammes de pain,

Les légumes devront être pesés après l'épluchement.

Pendant les quatre mois d'été, le nombre de mêmes rations de soupe sera porté à *trois*, au lieu de *deux*.

Les jours de service maigre, chaque enfant recevra, en outre, à un troisième repas, une pitance composée, pour 100 individus, soit de 35 kilogrammes de pommes de terre, soit de 15 kilogrammes de légumes secs, tels que pois, lentilles, haricots, de manière que, dans le cours de la semaine, il y ait deux services de pommes de terre et trois de légumes secs.

Il entrera dans la préparation de cette pitance, pour 100 individus, 750 grammes de graisse de porc ou 800 grammes de beurre, 750 grammes de sel et 5 grammes de poivre.

Le service gras consistera, savoir :

Le dimanche, en une ration de soupe provenant de la cuisson, pour cent individus, de 15 kilogrammes de viande fraîche de bœuf ou de vache, de bonne qualité, avec 4 kilogrammes de carottes bien épluchées et coupées en rouelles, et d'autres légumes

29. L'eau pure et de bonne qualité doit être la boisson ordinaire; mais, pendant les trois mois d'été, on devra distribuer du vin coupé au quart, du cidre ou de la bière de bonne qualité coupés à la moitié (un litre par jour et par individu).

30. La composition des soupes et des autres parties du régime alimentaire pourra être modifiée, avec l'autorisation de l'Administration, si les habitudes locales et les besoins du régime hygiénique exigent ces modifications.

31. Des écritures doivent établir par jour les opérations relatives au service alimentaire. (Modèle n° 2.)

La comptabilité des magasins, en ce qui concerne ce service, sera dressée de manière à permettre le contrôle de ces opérations.

32. Le fondateur fournira à chaque enfant une cuiller et une fourchette en fer étamé, une gamelle et un gobelet en étain, en fer-blanc ou en zinc.

---

frais en proportion, et 7k,500 de pain rassis. La cuisson devra produire 5 à 6 décilitres de bouillon gras par individu.

Il sera mis en réserve une quantité suffisante de bouillon pour l'assaisonnement du repas du soir, dont le service se composera de la viande, à laquelle on ajoutera, pour cent individus, 35 kilogrammes de pommes de terre épluchées, 500 grammes de graisse et 2 kilogrammes d'oignons, le poivre et le sel nécessaires. Ces aliments devront être cuits dans le bouillon en réserve, de manière à former, pour chaque individu, une ration de 4 décilitres et de 70 à 75 grammes de viande cuite et désossée.

Le jeudi, les soupes seront les mêmes que celles prescrites pour le service maigre.

Mais il sera fait, soit pour le repas de midi, soit pour celui du soir, un service composé d'une pitance dans laquelle entreront, pour cent individus, 10 kilogrammes de viande fraîche ou salée, 6k,500 de riz ou de farine de maïs ou de sarrasin, 500 grammes de graisse et 2 kilogrammes d'oignons.

Dans la saison où les pommes de terre ne pourront être employées, elles seront remplacées par 9 kilogrammes de lentilles ou haricots secs, ou par 16 kilogrammes des mêmes légumes verts.

Un service semblable à celui du dimanche sera délivré le jour de la fête nationale du 15 août, à l'Ascension, à la Toussaint et à Noël. Le service ordinaire du jeudi de l'Ascension sera distribué un autre jour de la même semaine; il en sera de même lorsque les autres fêtes tomberont un dimanche ou un jeudi.

CHAPITRE VIII.

RÉGIME DES MALADES.

33. Les jeunes détenus affectés de maladies cutanées, telles que dartres, gale, teigne, etc., ne recevront que la nourriture des enfants en santé, à moins qu'il n'en soit autrement ordonné par le médecin.

34. Le chef de l'établissement fournira la subsistance des enfants malades, selon l'ordonnance du médecin [1].

---

[1] Elle est fixée pour vingt-quatre heures, ainsi qu'il suit, savoir :

MALADES AU RÉGIME GRAS.

PORTION ENTIÈRE.

Deux soupes de 4 décilitres de bouillon chacune, avec 50 grammes de pain, matin et soir ;

Pain composé de farines blutées à 22 p. 0/0, 500 grammes en deux distributions.

TROIS QUARTS DE PORTION.

Viande cuite et désossée, 200 grammes en deux distributions.

Deux soupes de 2 décilitres de bouillon chacune, avec 30 grammes de pain, matin et soir ;

Pain, 450 grammes ;

Viande cuite et désossée, 130 grammes en deux distributions.

DEMI-PORTION.

Même soupe que pour les malades aux trois quarts ;

Pain, 400 grammes ;

Viande, 100 grammes en deux distributions.

QUART DE PORTION.

Même soupe que pour les trois quarts et la demie ;

Pain, 250 grammes ;

Viande cuite et désossée, 60 grammes en deux distributions.

MALADES AU BOUILLON.

Le nombre des bouillons est prescrit par le médecin. Chaque bouillon sera de 2 décilitres.

OBSERVATIONS GÉNÉRALES.

35. La viande fournie, tant pour les malades que pour les valides, sera bien saignée et de bonne qualité, sans qu'il puisse y être admis de tête, col, fressures ou pieds.

36. Le vin fait partie du régime alimentaire de l'infirmerie. Le

---

MALADES AU RÉGIME MAIGRE.

Soupe. — Dans les mêmes proportions que la soupe grasse. Cette soupe devra être préparée avec du beurre frais, des herbes et légumes frais, autant que les localités et les saisons le permettront.

Lait. — Dans les mêmes proportions que les autres soupes.

Légumes. — Les légumes frais seront variés, autant que possible, suivant les saisons, mais ils ne devront être servis qu'à l'état de purée.

PORTION ENTIÈRE DE LÉGUMES.

4 décilitres le matin, autant le soir.

Pour les autres portions, les légumes seront distribués dans la même proportion que la soupe.

Œufs. — Les légumes seront remplacés par des œufs, lorsqu'il y aura lieu, dans les proportions suivantes :

PORTION ENTIÈRE.

Néant.

TROIS QUARTS DE PORTION.

Trois œufs, deux le matin et un le soir.

DEMI-PORTION.

Deux œufs.

QUART DE PORTION.

Deux œufs.

Il entrera dans la préparation des œufs au miroir 8 grammes de beurre par œuf, et en omelette 10 grammes par œuf.

Les légumes et les œufs seront remplacés par des pruneaux, lorsqu'il y aura lieu, dans les proportions suivantes :

Pruneaux. — Portion entière et trois quarts. — Néant.

DEMI-PORTION.

200 grammes; pruneaux pesés secs, moitié le matin moitié le soir.

médecin déterminera dans quelle quantité il devra entrer dans la boisson de chaque enfant.

Les vins seront vieux, c'est-à-dire de l'avant-dernière récolte, et de bonne qualité.

CHAPITRE IX.

VESTIAIRE; COUCHER DES VALIDES.

37. Chaque enfant aura un trousseau[(1)].

QUART DE PORTION.

100 grammes.

La ration du pain pour les malades au maigre sera la même que pour les malades au gras.

MALADES UNIQUEMENT AU LAIT.

La quantité de lait est prescrite par les médecins.

Le mardi, le vendredi et le dimanche de chaque semaine, le pain sera remplacé par du riz, du vermicelle ou autres pâtes.

Le directeur fournira tout ce qui est ordonné aux malades par forme de régime particulier, en tant que la valeur des objets prescrits n'excédera pas trop sensiblement celle du régime ordinaire de l'infirmerie.

Les enfants faibles, rachitiques ou scrofuleux, déclarés tels par le médecin, ainsi que les convalescents, recevront tous les jours le régime gras (la viande sera rôtie deux fois par semaine) et la boisson fermentée en usage dans l'établissement pendant les mois d'été.

La composition du bouillon, pour la ration journalière de chaque malade, au gras, sera de 25 décagrammes de viande crue et de 6 décagrammes de légumes frais.

La quantité d'eau destinée à faire le bouillon sera dans la proportion d'un litre par 400 grammes de viande crue.

La composition du bouillon pour les malades au maigre sera, pour [illegible]tre de bouillon, savoir : beurre frais, 25 grammes; légumes, 60 grammes (les choux exceptés); le sel ordinaire.

(1) Ce trousseau comprendra, au minimum, les objets mentionnés ci-après :

POUR LES JEUNES GARÇONS.

Trois chemises.
Une veste en étoffe de laine.
Un gilet en étoffe de laine.
Un pantalon en étoffe de laine.

38. Il y aura, autant que possible, un vêtement réservé pour le dimanche et une quantité suffisante d'objets de rechange à donner aux

---

Une veste en treillis.
Un gilet en treillis.
Un pantalon en treillis.
Deux blouses en tissus à carreaux fil et coton.
Deux paires de chaussettes de laine.
Deux caleçons.
Trois cravates en coton à carreaux.
Trois mouchoirs.
Une paire de chaussons galochés.
Quatre paires de chaussettes d'été.
Deux paires de sabots.
Deux paires de guêtres.
Une casquette.
Un chapeau de paille.
Une ceinture.
Une paire de bretelles.

POUR LES JEUNES FILLES.

Trois chemises en toile de coton (fil et coton).
Un corset en treillis ou en toile.
Deux cornettes pour coiffures de jour.
Deux serre-tête en toile de coton pour la nuit.
Deux tabliers de travail en toile de coton.
Trois mouchoirs de poche.
Deux paires de sabots ou souliers.
Une ceinture.

POUR L'ÉTÉ.

Une robe en tissus de couleur (fil et coton).
Un jupon de dessous en toile de coton écrue.
Deux paires de bas de coton.
Deux paires de chaussons en tissu croisé (fil et coton).

POUR L'HIVER.

Une robe d'étoffe de laine et fil.
Un jupon de dessous en toile (fil et coton).
Deux paires de chaussons en étoffe (laine et fil).
Deux paires de bas de laine.
Deux fichus pour le cou, en coton de couleur, ayant 90 centimètres carrés.

enfants mouillés accidentellement. En outre, les magasins devront contenir, en effets de vestiaire (pantalons, vestes, robes, chaussons, etc.), un approvisionnement calculé à raison de 10 p. 0/0 de la population.

BLANCHISSAGE.

39. Le chef de l'établissement fera blanchir à ses frais le linge, les effets d'habillement et de coucher des jeunes détenus, tant en santé qu'en maladie.

Pour les détenus en santé, les chemises et les mouchoirs seront blanchis toutes les semaines, les draps de lit, les caleçons et les jupons de dessous tous les mois, les chaussons tous les quinze jours en été et tous les mois en hiver; les autres effets d'habillement, de linge et de literie, toutes les fois qu'il sera jugé nécessaire. Quant aux effets de coucher, linge et autres objets d'infirmerie, ils seront blanchis aux époques déterminées par les règlements de la maison et aussi souvent qu'il sera nécessaire ou que le médecin le prescrira.

Les couvertures servant aux jeunes détenus seront blanchies deux fois par an; celles des infirmeries le seront trois fois chaque année, sans préjudice de ce qui est prescrit pour celles qui auront servi à des enfants décédés ou traités pour des maladies contagieuses.

40. Les effets et vêtements apportés par les jeunes détenus et leur appartenant seront enregistrés et étiquetés, après avoir été lavés, repassés, désinfectés et réparés.

Les chefs d'établissement veilleront à leur conservation; ils les remettront aux jeunes détenus à l'époque de leur libération, sans préjudice des habillements neufs que recevront ces derniers, conformément aux dispositions du chapitre XVI du présent règlement.

41. Lorsqu'à raison de la durée de la détention d'un enfant ou du mauvais état de ses vêtements, ceux-ci ne pourraient être plus tard d'aucune utilité, il y aura lieu de les vendre à son profit, s'ils ont quelque valeur.

42. Le vêtement d'hiver sera donné au 15 octobre et celui d'été au 15 mai de chaque année. Ces époques pourront toutefois, sur l'avis du médecin, être avancées ou reculées par le directeur suivant la rigueur de la saison.

43. Si, parmi les enfants, il s'en trouvait qui, à raison de leur âge, de la faiblesse de leur tempérament, d'infirmités ou de la nature de leur travail, eussent besoin de prendre le vêtement d'hiver avant les autres et même de le conserver toute l'année, le directeur, sur l'avis du médecin, ordonnera ce qui sera jugé nécessaire.

COUCHER DES VALIDES.

44. Le coucher des valides se compose d'une couchette dont la longueur sera proportionnée à l'âge des enfants; la largeur sera de 70 centimètres.

Il y aura, pour chaque lit, une paillasse ou un matelas.

Si le coucher se compose d'un matelas, il sera rebattu au moins une fois l'an; quant à la paillasse elle sera changée tous les trois mois.

Chaque lit sera garni d'une paire de draps, d'une couverture en laine pour l'été et d'une seconde couverture en coton pour l'hiver, et d'un traversin.

45. Dans tous les établissements d'éducation correctionnelle, quel que soit le mode de coucher en usage, les dortoirs doivent être installés de manière à fournir au moins 15 mètres cubes d'air par individu; ils devront être en outre pourvus de moyens de ventilation suffisants [1].

---

[1] Dans les établissements où l'on se sert de hamacs, il est expressément interdit de les mettre sur deux rangs superposés.

Les toiles de hamacs doivent toujours être bien tendues dans tous les sens; les chefs des établissements veilleront à ce que chaque enfant, à son lever, roule son matelas, ses draps et sa couverture et accroche son hamac.

Les hamacs ne peuvent être employés ni pour les enfants admis à l'infirmerie ni pour ceux qui seraient affectés d'incontinence d'urine.

CHAPITRE X.

SERVICE DE SANTÉ. — INFIRMERIE.

46. Un médecin sera attaché à chaque établissement; il doit y faire au moins trois visites par semaine; les visites seront quotidiennes lorsqu'il y aura à l'infirmerie des malades alités et réclamant un traitement suivi. Les visites et les prescriptions seront constatées chacune sur un registre spécial.

47. Tout jeune détenu, lors de son entrée dans l'établissement, doit être l'objet, de la part du médecin, d'un examen ayant pour but de constater l'état de santé, les vices de conformation, infirmités ou maladies antérieures et de reconnaître s'il a été vacciné, afin que, dans le cas contraire, il le soit le plus promptement possible. Le résultat de cet examen sera consigné sur un bulletin médical. (Voir le modèle n° 3.)

48. Aucun jeune détenu ne pourra être chargé des fonctions d'infirmier en chef; elles seront confiées à un adulte, homme ou femme, suivant le sexe des enfants placés dans l'établissement.

Les directeurs de colonies agricoles qui croiront devoir charger des sœurs ou des femmes laïques du service de l'infirmerie ne pourront le faire qu'avec l'autorisation préalable du Ministre.

49. Les enfants atteints de maladies exigeant un traitement spécial pourront être momentanément placés dans un hospice aux frais du Trésor. Ils cesseront, dès lors, de figurer sur les états mensuels des dépenses de l'établissement. Si leur maladie est reconnue incurable ou exige un traitement de plus de six mois, le préfet provoquera leur mise en liberté provisoire, et ils seront, suivant les circonstances, rendus à leurs familles ou mis à la charge de la com-

Les lits ou les hamacs devront être espacés de 70 centimètres au moins, sur les côtés, et disposés de manière à présenter alternativement, sur un même rang, la tête et les pieds.

mune où ils auront leur domicile de secours. Les enfants gâteux devront être l'objet de soins particuliers, conformément à l'instruction médicale annexée au présent règlement. (Annexe A.)

50. Les épidémies, les morts accidentelles ou par suicide, les blessures graves doivent être immédiatement signalées au Ministre par l'intermédiaire du préfet.

Lors d'une invasion d'épidémie, les chefs d'établissement feront connaître les dispositions qu'ils auront adoptées afin de la combattre. Ils devront constater la marche et les phases de la maladie par des bulletins dressés par le médecin et qui seront envoyés au préfet tous les cinq jours, et plus souvent, s'il y a lieu.

51. Il sera tenu en tout temps un registre indiquant, entre autres renseignements, l'entrée de chaque enfant à l'infirmerie, la date de sa sortie ou de son décès, la nature de la maladie dont il était affecté et les prescriptions médicales suivies à son égard [1]. (Modèle n° 4.)

52. Les chefs des établissements feront constater les décès en se conformant aux prescriptions de l'article 80 du Code Napoléon. Ils indiqueront à l'officier de l'état civil le dernier domicile du décédé, le lieu et la date de sa naissance. Ils fourniront, pour chaque enfant décédé, un suaire en toile commune et un cercueil.

53. Le coucher des jeunes détenus malades se composera, pour chaque individu, d'un lit de fer de 2 mètres de longueur, de 85 centimètres de large [2], d'une paillasse remplie de 20 kilogrammes de

---

[1] Les médecins trouveront d'utiles indications, pour la tenue de ce registre, dans les annexes du règlement du 5 juin 1860, pour le service de santé des maisons centrales.

[2] Chaque lit sera pourvu d'une capote ou robe de chambre en droguet d'hiver, d'une camisole blanche en coton pour les jeunes filles, de sandales, d'une paire de demi-bas en laine ou en coton, suivant les saisons, et de tous les accessoires nécessaires, tels que tablettes, crachoirs, pots à tisane, gobelets, écuelles, assiettes, cuillers, etc., ainsi que d'une table de nuit et son vase et d'un tabouret. Les pots à tisane, gobelets, écuelles seront en étain. Il y aura un bassin et une éponge par six lits pour le pansement des plaies. Chaque salle sera pourvue d'un balai de crin, de brosses et de cire à frotter.

paille, d'un matelas pesant 11 kilogrammes, dont 8 kilogrammes de laine et 3 kilogrammes de crin, d'une paire de draps, d'un traversin soit en laine, soit en crin ou en plume commune, d'un oreiller recouvert d'une taie, et de deux couvertures : une de ces couvertures pourra être en coton ou en droguet. Les couvertures neuves en laine auront $2^m,55$ à $2^m,60$ de longueur. Elles devront peser $3^k,500$ à $3^k,750$.

54 Les vêtements des enfants seront changés tant à leur entrée à l'infirmerie qu'à leur sortie.

55. La paille des paillasses d'infirmerie sera renouvelée aussi souvent que le médecin le jugera nécessaire, mais régulièrement après chaque décès et deux fois par an pour les lits qui auront servi à des enfants affectés de maladies ordinaires. A chaque renouvellement de la paille, les toiles des paillasses seront lavées. Les matelas sur lesquels un détenu sera décédé seront rebattus, de même que les traversins. Les toiles seront lavées ainsi que les couvertures.

Si le médecin le juge utile, la laine et le crin resteront exposés, pendant un temps déterminé, à l'air ou à des fumigations.

56. Le linge des infirmeries ne sera pas lessivé avec celui des détenus valides.

57. Les matelas d'infirmerie et les traversins en laine ou en crin devront être rebattus deux fois par an, et plus souvent même, lorsque des cas extraordinaires l'exigeront.

58. Les lits devront être, au printemps, et plus souvent, s'il y a lieu, suivant la nature de ces meubles, échaudés à l'eau seconde ou nettoyés par tout autre procédé reconnu préférable pour détruire les insectes.

Chaque fois qu'un enfant sera admis à l'infirmerie comme atteint de la gale, de la teigne ou de toute autre maladie contagieuse, il conviendra de faire laver ou désinfecter tous les effets de literie et d'habillement qui auront été à son usage. Son matelas devra être rebattu.

59. L'infirmerie sera, autant que possible, établie dans un bâtiment isolé.

Elle se composera d'au moins deux pièces dont l'une plus petite, dite chambre d'isolement, pour les cas de maladies contagieuses. Les deux ensemble contiendront un nombre de lits égal à 5 p. o/o de la population.

Elles seront bien aérées, ventilées, percées de fenêtres opposées, laissant entre deux un trumeau de 2^{m},55 environ, c'est-à-dire la place de deux lits et un intervalle égal à la largeur d'un lit. Leur capacité sera suffisante pour que le cube d'air afférent à chaque lit ne soit pas inférieur à un maximum de 25 mètres cubes.

Les salles seront parquetées et cirées.

60. Régime alimentaire des malades. (Voir le chapitre VIII du présent règlement.)

CHAPITRE XI.

INSTRUCTION RELIGIEUSE.

61. Les jeunes détenus de l'un et de l'autre sexe seront tenus de suivre les exercices de la religion à laquelle ils appartiennent.

Ils assisteront aux offices religieux les dimanches et les jours fériés. La durée de chacun de ces offices devra être, autant que possible, réglée de manière à ne pas fatiguer les enfants.

62. L'aumônier fera au moins une instruction religieuse aux jeunes détenus, dans le courant de la semaine, indépendamment de celle du dimanche.

Il s'occupe spécialement d'instruire les enfants qui n'ont pas fait leur première communion.

63. Les ecclésiastiques qui dirigent des établissements d'éduca-

tion correctionnelle et qui prononcent, à ce titre, les punitions et les récompenses, ne peuvent pas entendre les jeunes détenus en confession, et doivent charger de ce soin un autre prêtre.

64. Le prosélytisme est absolument interdit dans les établissements d'éducation correctionnelle.

Tout chef d'établissement à qui l'Administration aurait remis, par suite d'une erreur, des jeunes détenus appartenant à une religion autre que celle pratiquée dans cette maison, doit, dès que cette erreur est constatée, en prévenir immédiatement le préfet, afin que ces enfants puissent être dirigés, dans le plus bref délai, sur les colonies ou maisons pénitentiaires destinées à les recevoir.

65. Autant que possible, un aumônier devra être spécialement attaché à tout établissement dont l'effectif dépasserait le chiffre de 100 enfants. Dans les maisons dont la population n'atteindrait pas ce chiffre, l'instruction religieuse des jeunes détenus pourra être confiée au curé ou desservant de la paroisse.

CHAPITRE XII.

INSTRUCTION PRIMAIRE.

66. Les jeunes détenus passent tous les jours, à l'école, une heure au moins.

Toutefois, au moment des récoltes, l'école peut n'avoir lieu que le dimanche pour les détenus employés aux travaux les plus urgents.

67. L'enseignement comprend la lecture, l'écriture, les quatre premières règles de l'arithmétique et le système légal des poids et mesures[1].

68. On peut y joindre, en outre, le calcul mental, l'arpentage, le dessin linéaire et des notions sur la géographie et l'histoire de la France.

---

[1] Loi du 28 juin 1833, art. 1er.

69. Les instituteurs devront tenir les écritures nécessaires pour faire connaître les résultats de leur enseignement. Ils constateront le degré d'instruction des jeunes détenus au moment de leur entrée. Une mention à ce sujet (ainsi que la date de l'admission à l'école) sera inscrite sur les cahiers de chaque élève, à la suite de ses nom et prénoms et de l'indication de son âge.

Ces cahiers seront mis sous les yeux des inspecteurs généraux.

70. Les fonctions d'instituteur sont compatibles avec l'exercice dans l'établissement de tout autre emploi, sauf celui de surveillant.

71. Les chefs d'établissement feront connaître au Ministre la méthode d'enseignement qu'ils se proposeront d'introduire dans leur maison.

CHAPITRE XIII.

INSTRUCTION PROFESSIONNELLE. — TRAVAIL.

72. Les travaux sont interdits les dimanches et les jours de fête.

73. Les jeunes détenus ne pourront être occupés à un travail manuel plus de dix heures par jour.

74. Les garçons, sauf les exceptions ci-après indiquées, seront appliqués à l'agriculture et aux principales industries qui s'y rattachent; telles que le charronnage, la taillanderie, etc., sous les conditions d'épreuve déterminées par l'article 3 de la loi du 5 août 1850.

Dans les maisons pénitentiaires, les jeunes filles appartenant à la population des campagnes devront être appliquées aux travaux agricoles.

75. Il sera fait un cours élémentaire d'agriculture et d'horticulture dans les établissements où ces travaux sont en vigueur; on y enseignera, en outre, la greffe et la taille des arbres fruitiers.

Les enfants devront être employés successivement aux différents travaux agricoles, de manière à posséder, au moment de leur libération, un enseignement professionnel complet.

76. Les directeurs de colonies pourront être autorisés par le Ministre à employer aux travaux sédentaires les enfants qui, à raison de leur âge, de leur constitution physique, de leur apprentissage antérieur, de leur aptitude spéciale ou de la profession de leurs parents, devraient être préférablement appliqués aux travaux industriels.

77. Aucune industrie ne peut être introduite dans un établissement sans l'autorisation préalable du Ministre et sur l'avis du préfet.

78. Les occupations qui ne constitueraient pas l'apprentissage d'une véritable profession, telles que la chaussonnerie, l'épluchage du coton, etc., ne seront pas autorisées.

79. Les directeurs de colonies pourront louer ou confier temporairement des jeunes détenus à des particuliers pour l'exécution des travaux agricoles, avec l'agrément du Ministre de l'intérieur.

80. Lorsque ces travaux seront urgents, le directeur devra se pourvoir de l'autorisation du préfet, qui rendra compte au Ministre.

Les jeunes détenus ainsi détachés de l'établissement devront ne représenter, sauf des circonstances exceptionnelles, qu'une très-faible portion de l'effectif. On les choisira parmi ceux qui se seront fait remarquer par leur bonne conduite; ils seront placés sous la surveillance d'un gardien.

81. Ils auront droit à la moitié du salaire payé pour leur travail. Ces sommes leur seront remises à l'époque de leur libération.

82. Il est expressément défendu de mettre des jeunes détenus à la disposition des particuliers pour l'exécution de travaux industriels, si ce n'est dans un but d'utilité publique, pour des motifs graves et urgents et avec l'autorisation du préfet.

Les établissements autorisés à enseigner des industries devront, autant que possible, ne fabriquer que des objets destinés à l'usage de la maison.

CHAPITRE XIV.

RELATIONS DES JEUNES DÉTENUS AVEC LEURS FAMILLES.

83. Les jeunes détenus des deux sexes pourront communiquer verbalement ou par écrit avec leurs plus proches parents, quand ceux-ci présenteront des garanties suffisantes de moralité, ou avec leurs tuteurs.

84. Les visites n'auront lieu que quatre fois par an, et toujours en présence d'un surveillant, d'une sœur ou de tout autre employé. Le chef de l'établissement pourra toutefois accorder des autorisations plus fréquentes, lorsque les familles présenteront des garanties de moralité.

85. Les parents qui auront abusé de ces communications pour remettre aux enfants des objets prohibés, ou pour leur donner de mauvais conseils, ne seront plus admis dans la maison.

L'interdiction sera prononcée par le préfet, sur un rapport motivé du directeur.

86. Les jeunes détenus autorisés à correspondre avec leur famille pourront leur écrire une fois par mois. Les chefs d'établissement veilleront à ce qu'ils s'acquittent de ce devoir dans certaines circonstances, par exemple, au renouvellement de l'année. Ils prendront connaissance de cette correspondance au départ et à l'arrivée. Les lettres envoyées par les enfants ne seront pas affranchies; celles qu'ils recevront seront classées à leur dossier quand il paraîtra utile de les conserver à raison de leur contenu.

87. Les parents seront invités à affranchir leurs lettres et à s'abstenir de toute réflexion sur les travaux et le régime intérieur de la

maison, sous peine d'être privés de toute communication avec leurs enfants. Ils devront se borner à donner à ces derniers de leurs nouvelles ou à leur adresser des exhortations au travail et à la bonne conduite.

88. Les lettres dont le contenu pourrait donner lieu à des dangers ou à de sérieux inconvénients seront transmises au préfet, qui ordonnera, suivant les cas, la suppression provisoire ou définitive de toute correspondance.

89. Les lettres qui pourraient être adressées, pour un motif quelconque, par les jeunes détenus à l'Administration ou à l'autorité judiciaire seront cachetées sans être lues par les chefs des établissements[1].

CHAPITRE XV.

RÉGIME DISCIPLINAIRE : PUNITIONS ET RÉCOMPENSES.

90. Le régime disciplinaire de chaque établissement devra être préalablement soumis à l'approbation du Ministre. Il comprendra nécessairement des punitions et des récompenses[2].

---

[1] Ces lettres seront mentionnées sur un registre spécial avec l'indication du destinataire et le nom de l'enfant qui les aura écrites. Elles recevront un numéro d'ordre au registre où sera inscrite cette correspondance. Elles ne seront pas mises sous enveloppe, mais simplement pliées et cachetées, afin que le numéro d'ordre qu'elles recevront au départ de l'établissement se retrouve sur la feuille même qui contient le corps de la lettre.

On pourra ainsi reconnaître ultérieurement l'auteur d'une lettre dont le contenu pourrait donner lieu à une mesure rigoureuse contre son auteur.

[2] Les récompenses en usage dans la plupart des établissements, et qui peuvent servir de base à un système disciplinaire, sont :

L'inscription au tableau d'honneur, la table d'honneur, un supplément de vivres, des bons points, des grades, des galons (des rubans pour les jeunes filles), avec rémunération pécuniaire, des emplois de confiance, l'éloge public, des prix lors de la distribution générale; le don de menus objets à l'usage des enfants, un dépôt d'argent à la caisse d'épargne; la mise en liberté provisoire ou le placement en apprentissage hors de la maison et les engagements militaires.

Voir aux annexes (annexe B) l'opinion exprimée par M. le Garde des sceaux au sujet de la légalité des engagements militaires prescrits par l'Administration.

91. Les chefs d'établissement soumettront au Ministre des dispositions ayant pour but de rémunérer, par une rétribution pécuniaire prélevée sur les produits de la main-d'œuvre, les jeunes détenus qui se seront fait remarquer par leur application au travail, leurs sentiments religieux ou leur obéissance.

92. Les sommes allouées aux jeunes détenus, à titre de gratification, en récompense de leur travail et de leur bonne conduite, et celles leur appartenant à un autre titre légitime, seront déposées à la caisse d'épargne, sous la condition expresse que le remboursement de ces fonds ne pourra avoir lieu qu'à l'époque de la majorité légale des titulaires.

Ces placements ne seront effectués qu'après prélèvement d'une somme de cinquante francs destinée à pourvoir à leurs premiers besoins lors de la libération définitive.

Les porteurs de livrets ne pourront obtenir des payements par anticipation avant l'époque susmentionnée qu'avec l'autorisation de l'Administration.

En cas de décès du titulaire d'un livret pendant la détention, les sommes placées à son nom feront retour à l'établissement donateur.

Si le décès avait lieu après la libération définitive, elles appartiendraient aux héritiers naturels et, à leur défaut, au domaine.

93. Tous les ans, à l'occasion de la fête de l'Empereur, et un mois au moins avant cette solennité, les chefs d'établissement adresseront au Ministre, par l'intermédiaire du préfet, la liste des jeunes détenus jugés par application de l'article 66 du Code pénal, auxquels il y aura lieu d'accorder leur sortie anticipée, et des condamnés (article 67) qui auront mérité une remise de peine ou leur grâce entière. D'autres libérations provisoires pourront, en outre, être accordées pendant le courant de l'année.

94. Les enfants qui auront commis des tentatives d'évasion seront exclus de cette faveur.

Ils pourront en outre, dans certains cas, être détenus dans l'établissement pendant un temps égal à celui qu'aura duré leur absence[1].

95. Les directeurs devront s'abstenir de proposer la mise en liberté provisoire de jeunes détenus qui n'auraient pas encore fait leur première communion.

Seront dispensés de toute condition les enfants qu'il y aurait lieu de rendre à la vie libre pour les remettre à leurs familles résidant à l'étranger ou dans les colonies, ou qui seraient sur le point de quitter la France.

96. Les punitions corporelles, quelles qu'elles soient, sont expressément interdites.

97. Les autres punitions autorisées sont :

La privation de récréation, de correspondance et de visites; le piquet, la mise à genoux, les travaux de propreté générale, le port d'un vêtement disciplinaire; la perte des grades, des galons, des emplois de confiance; les mauvais points, la réprimande en particulier ou en public, l'isolement pendant les repas, la radiation du tableau d'honneur, la cellule de punition.

Aucun prélèvement, soit à titre de punition, soit pour achat de menus objets ou aliments supplémentaires, ne pourra être fait sur le salaire du travail ou la gratification.

---

[1] 1° Lorsqu'un enfant, détenu par application de l'article 66 du Code pénal, s'évade de l'établissement dans lequel il est renfermé, on doit, lorsqu'il est repris, ne pas lui compter, pour la durée de sa détention, le temps pendant lequel il a été absent de la colonie, si la détention a été ordonnée pour un temps déterminé et non jusqu'à un âge déterminé. On ne peut, dans ce dernier cas, le retenir au delà de l'âge de vingt ans.

2° Si, pendant son évasion ou pendant la durée de sa détention en vertu de l'art. 66 du Code pénal, l'enfant est condamné à une peine, cette peine doit être subie aussitôt que le jugement est devenu définitif.

3° Si la détention était le résultat d'une condamnation prononcée en vertu des articles 67 et 69 du même Code, le temps de son évasion ne devrait pas être déduit de la durée de la peine, laquelle devrait être subie en entier, quel que fût l'âge qu'aurait l'enfant à l'expiration de cette peine. (Avis du Ministre de la justice des 9 mars et 4 décembre 1857.)

La réparation du dommage matériel causé par l'enfant sera seule imputable sur ce salaire.

Le cas d'évasion entraîne la perte du pécule du jeune détenu.

98. La mise en cellule de punition ne sera prononcée que pour les fautes les plus graves. Quand sa durée devra dépasser quinze jours, il en sera donné avis au préfet par un rapport indiquant le nom de l'enfant et les motifs de la punition prononcée contre lui. Dans aucun cas, elle ne pourra excéder trois mois.

99. Aucune cellule ne pourra servir de lieu de punition avant que l'Administration centrale ait fait constater son état de salubrité et déterminé l'emplacement, les dimensions et l'aménagement intérieur de chaque cellule[1]

100. Les jeunes détenus mis à l'isolement seront l'objet d'une surveillance continuelle; ils seront fréquemment visités par le chef de l'établissement, par l'aumônier, et examinés par le médecin lors de ses visites. Un surveillant devra, en outre, coucher dans le quartier des cellules.

Les jeunes détenus ne pourront être séquestrés d'une manière continue, le jour et la nuit, que dans les établissements dont les cellules seront dans les conditions déterminées par l'article 99 ci-dessus et par la note annexée.

101. Les enfants pourront être privés de leur pitance à titre de punition, mais deux fois par semaine seulement, et à trois jours d'intervalle. La soupe leur sera donnée tous les jours.

102. Les jeunes garçons reconnus incorrigibles seront dirigés sur une colonie correctionnelle ou sur l'établissement public destiné à en tenir lieu, et ils y seront soumis à un régime répressif.

Cette punition ne pourra être infligée qu'avec l'autorisation du Ministre, sur l'avis du conseil de surveillance et celui du préfet.

---

[1] Voir l'annexe C.

103. Les enfants de l'un et de l'autre sexe qui se feront remarquer, vers l'époque de leur libération, par leur mauvaise conduite ou par un relâchement dans leur travail, pourront être placés, après leur libération, par mesure disciplinaire, dans un orphelinat, asile, refuge ou tout autre établissement qu'une maison de correction, pendant un temps dont le Ministre déterminera la durée, sans excéder toutefois leur majorité. Dans la même limite, il pourra également leur être fait application des articles 375 et suivants du Code civil sur la puissance paternelle. (Avis de M. le Ministre de la justice en date du 2 juin 1853 et 1er et 28 août 1865.)

104. Les jeunes détenus reconnus coupables d'actes qui, par leur gravité, échapperaient à l'action disciplinaire de la maison seront déférés à la justice.

105. Les punitions encourues pour infraction aux règlements de la maison devront être prononcées, autant que possible, devant les enfants assemblés, après que les contrevenants auront été entendus dans leurs explications, quand l'exposé des faits qui leur seront reprochés ne sera pas de nature à produire du scandale.

106. Le chef de l'établissement peut seul infliger les punitions.

107. Il sera tenu un registre des punitions et des récompenses, et des faits qui les auront motivées. Les mêmes mentions seront inscrites sur un bulletin de statistique morale classé au dossier de chaque enfant. (Modèle n° 5.)

108. Lorsqu'un jeune détenu vient à s'évader, les directeurs doivent immédiatement en informer l'Administration supérieure, le préfet et le commandant de gendarmerie, en transmettant les nom et prénoms et le signalement du fugitif, et en faisant connaître, en outre, le domicile de ses parents et de quel côté on présume qu'il a pu se diriger.

109. Tout jeune détenu, à moins qu'il n'en soit décidé autre-

ment par le Ministre, doit être ramené dans l'établissement d'où il a cherché à s'enfuir.

Les frais de cette réintégration et la prime qu'il peut y avoir lieu de payer au capteur sont à la charge de l'établissement[1].

110. Le tabac, sous toutes ses formes, est expressément interdit aux jeunes détenus.

CHAPITRE XVI.

DE LA LIBÉRATION PROVISOIRE OU DÉFINITIVE. — SECOURS AUX JEUNES LIBÉRÉS.

111. En transmettant aux directeurs d'établissements les dossiers des jeunes détenus, les préfets indiqueront, d'après l'examen des extraits d'arrêt ou de jugement, le jour précis de chaque libération. Lorsqu'il surviendra quelque difficulté par suite de l'absence de l'acte de naissance, d'une confusion de noms ou de toute autre circonstance, il en sera référé au Ministre.

112. Les jeunes détenus condamnés de dix à vingt ans d'emprisonnement comme ayant encouru la peine de mort, des travaux forcés, de la déportation (art. 67), seront placés dans les colonies correctionnelles ou dans les quartiers en tenant lieu jusqu'à leur majorité. A cette époque, s'ils ont subi la moitié de leur peine, et s'ils ont tenu une bonne conduite, leur grâce partielle ou entière pourra être proposée. Dans le cas contraire, ils seront envoyés dans une maison centrale et soumis au régime des adultes.

113. Les familles qui auront obtenu la remise de leurs enfants, à titre d'épreuve, conformément à l'article 9 de la loi du 5 août 1850, devront pourvoir aux frais de retour de ces derniers, à moins qu'elles

[1] Dans les colonies publiques qui sont directement administrées par l'État, toute personne qui arrête et ramène un jeune détenu reçoit une prime de 15 francs.

ne fournissent un certificat d'indigence. Dans ce cas, l'établissement aura à supporter cette dépense.

114. Autant que possible, les jeunes filles confiées à leurs familles devront être remises directement entre les mains de ces dernières ou conduites à leur destination par une sœur de l'établissement.

115. Trois mois avant l'époque de la libération d'un jeune détenu, le chef de l'établissement devra recueillir des informations sur la famille de l'enfant, afin de savoir s'il n'y aurait aucun inconvénient à le lui renvoyer. Le résultat de cette enquête sera transmis au préfet, qui prendra, de son côté, les renseignements nécessaires pour la compléter, s'il y a lieu.

Dans le cas où la famille aurait disparu, ou si elle refusait de reprendre l'enfant, ou si un jeune détenu n'avait ni parents ni protecteurs, le chef de l'établissement indiquerait les dispositions qu'il compterait prendre dans l'intérêt du jeune libéré.

116. Si l'enfant appartenait à une famille sans moralité, et s'il était indispensable d'adopter à son égard les mesures prescrites par la circulaire du 4 juillet 1853, concertée avec M. le Ministre de la justice, il en serait référé au Ministre de l'intérieur.

117. Les jeunes détenus libérables dans le délai d'un an seront présentés aux inspecteurs généraux en tournée, afin qu'ils puissent constater, par un interrogatoire sommaire, leur instruction religieuse, morale, primaire et professionnelle, et se faire rendre compte des mesures que la direction se propose d'adopter pour le placement de ceux d'entre eux qui seraient orphelins ou ne devraient pas être remis à leurs familles.

Les inspecteurs généraux consigneront dans leurs rapports leurs observations sur les résultats de cet examen.

118. Les fondateurs d'établissements donneront à leurs frais aux jeunes détenus les secours nécessaires pour se rendre à leur destination.

Il est expressément interdit de leur faire délivrer des passe-ports d'indigent.

Ils leur fourniront en outre un habillement complet [1].

119. Les directeurs remettront de plus aux jeunes détenus libérés les effets d'habillement, l'argent et les bijoux qu'ils portaient sur eux au moment de l'entrée dans la maison, et dont ces derniers donneront reçu.

120. Le dossier de chaque jeune détenu sera conservé pendant cinq ans au moins, après l'époque de sa sortie, dans les archives de l'établissement. Il contiendra toutes annotations, lettres, etc., relatives au patronage accordé à chacun de ces libérés.

CHAPITRE XVII.

DES MINEURS DÉTENUS PAR VOIE DE CORRECTION PATERNELLE.

121. Les mineurs des deux sexes, détenus par voie de correction paternelle dans les établissements pénitentiaires, seront enfermés dans une chambre séparée et ne pourront avoir aucune communication avec les autres enfants.

---

[1] Cet habillement comprendra les objets suivants :

POUR LES GARÇONS.

En hiver. — Deux chemises, un pantalon, une paire de souliers, deux mouchoirs de poche, une cravate, un gilet, une blouse, une casquette, deux paires de chaussettes, un tricot, le tout neuf et de bonne qualité.

En été. — Les mêmes objets, moins le tricot.

POUR LES FILLES.

En hiver. — Une robe de laine, un jupon, deux chemises, deux paires de bas de laine, une paire de souliers de cuir, deux bonnets de linge, deux serviettes, deux mouchoirs de cou, deux mouchoirs de poche.

En été. — Les mêmes objets, si ce n'est que les bas de laine seront remplacés par des bas de coton.

Les enfants de cette catégorie ne doivent pas figurer sur le registre d'entrée et de libération.

CHAPITRE XVIII.

DE L'EXÉCUTION DU PRÉSENT RÈGLEMENT.

122. Les directeurs ne peuvent laisser sortir les jeunes détenus et se dessaisir de leur personne que dans le cas où ces jeunes détenus sont appelés ou poursuivis en justice, et, à l'égard des condamnés, sauf le cas de grâce, que sur l'ordre formel du Ministre de l'intérieur.

123. Les préfets des départements où sont situés les établissements d'éducation correctionnelle, les sous-préfets, les inspecteurs généraux des prisons en tournée, les conseils de surveillance institués en vertu de l'article 8 de la loi du 5 août 1850, sont chargés, chacun en ce qui le concerne, de veiller à l'exécution du présent règlement.

124. Les membres des conseils de surveillance, à moins d'une délégation spéciale du préfet, dans des cas déterminés par une instruction ministérielle, ne peuvent faire aucun acte d'administration dans les établissements; mais ils peuvent exiger la production du registre d'entrée et de libération, des registres d'infirmerie, des bulletins de statistique morale, des cahiers des élèves, de la comptabilité relative au régime alimentaire. Ils transmettent aux préfets les rapports dans lesquels ils consignent le résultat de leurs observations.

Les membres sont renouvelés tous les cinq ans par moitié.

125. Les chefs d'établissement doivent adresser au Ministre :

1° Un bulletin mensuel de population (modèle n° 1 de la circulaire du 20 décembre 1855);

2° Un état nominatif des jeunes détenus pour lesquels il est dû un prix de journée (modèle annexé à la circulaire du 16 juillet 1841, modifiée par l'instruction précitée du 20 décembre 1855), avec une facture sur timbre;

Les frais de transfèrement sont portés sur des états spéciaux, dont un sur timbre, et doivent être transmis à l'Administration aussitôt après la translation des enfants (circulaire du 20 décembre 1855);

3° Dans les quinze jours au plus tard qui suivent la libération de chaque enfant, un bulletin de renseignements conforme au modèle n° 3 de la circulaire du 17 février 1847;

4° A la fin de chaque année, un état récapitulatif indiquant les noms, etc., des enfants sortis par voie de libération provisoire ou définitive, suivant le modèle fourni par l'Administration.

126. La correspondance avec l'Administration supérieure doit avoir lieu par l'intermédiaire du préfet.

Vu et approuvé pour être annexé à notre arrêté du 10 avril 1869.

Le Ministre de l'Intérieur,

DE FORCADE LA ROQUETTE.

Pour expédition :

Le Conseiller d'État, Secrétaire général,

PH. DE BOSREDON.

ANNEXES

AU RÈGLEMENT GÉNÉRAL.

ANNEXE A.

INSTRUCTIONS

au sujet des soins à donner aux enfants gâteux.

Les jeunes détenus auxquels, dans les colonies pénitentiaires, on donne communément le nom de malpropres, gâteux, pisseurs, forment plusieurs catégories.

Quelques-uns sont affectés d'une incontinence d'urine qui constitue soit une infirmité incurable, soit une maladie passagère; d'autres ne salissent leur lit que par négligence, paresse ou entêtement; quelques-uns enfin, atteints d'accès nocturnes d'épilepsie, ne gâtent que pendant leurs accès.

Les détenus malades et ceux atteints d'épilepsie doivent être traités, les uns à l'infirmerie, les autres dans des salles ou des cellules spéciales. Le traitement variera d'ailleurs selon les circonstances.

C'est sur des conseils donnés sagement et à propos, c'est sur l'intimidation et même, dans certains cas, sur l'emploi des moyens de punition usités dans les établissements de jeunes détenus, qu'il faut surtout compter pour diminuer le nombre des gâteux par négligence, paresse ou entêtement.

Quant aux infirmes et à ceux contre lesquels tous les moyens ont échoué, ou qui sont encore en traitement, il faudra employer à leur égard des soins spéciaux de propreté qui varieront selon qu'ils seront levés et vêtus, ou qu'ils seront alités.

Quand les enfants sont levés, il suffit, le plus souvent, pour les empêcher de salir leurs vêtements, de les habituer à satisfaire leurs besoins toujours à la même heure. On peut obtenir le même résultat, quand ils sont couchés, en les faisant lever la nuit pour uriner à des heures déterminées. Pour ceux seulement chez lesquels l'écoulement de l'urine est pour ainsi dire continu, il sera nécessaire de recourir, pendant le jour, à l'emploi des urinaux en caoutchouc.

Le coucher des malpropres demande des précautions toutes particulières. Le fond des lits qui leur sont destinés doit être doublé de zinc et présenter quatre plans inclinés vers un orifice central ouvrant sur un vase en zinc ou en faïence. Ces lits doivent avoir pour fournitures des matelas de balle d'avoine, de zostère ou de paille, formant trois segments distincts ayant 60 centimètres chacun de longueur. Dans les établissements où l'on ne fait usage que de lits en fer, les fournitures reposeront directement sur le fond en fer (feuillard ou treillis de fer).

Les établissements situés dans les villes et ceux non agricoles, qui n'ont pas de paille à discrétion, trouveront un avantage à faire usage de la zostère, parce qu'on peut la laver, pour ainsi dire, indéfiniment. Du reste, il n'est indispensable d'en employer que dans le segment du milieu; ceux des extrémités pourront ne contenir que de la paille ordinaire. Dans les infirmeries, ces deux segments seront garnis de laine et de crin comme les matelas ordinaires, le tout reposant sur un sommier Tucker. Dans tous les cas, le segment central doit avoir un côté ouvert, afin qu'on puisse en retirer librement la zostère ou la paille, comme d'une poche. Ce côté fermera au moyen d'un lacet passant par des œillets de métal.

ANNEXE B.

LETTRE

du Ministre de la guerre à son collègue le Ministre de l'Intérieur au sujet de l'enrôlement militaire des jeunes détenus[1].

Paris, le 12 décembre 1864.

Monsieur le Ministre et cher Collègue, vous avez appelé mon attention sur des difficultés qui se sont élevées en Corse au sujet du consentement que doivent produire pour s'engager les jeunes gens de la colonie horticole de Saint-Antoine (Corse) détenus en vertu de l'article 66 du Code pénal.

Conformément au texte même de l'article 32 de la loi du 21 mars 1832, l'autorité militaire exige que ces jeunes gens justifient du consentement de leurs père, mère ou tuteur. Votre Excellence pense, au contraire, que, placés par la loi du 5 août 1850 sous la tutelle de l'Administration, ils ne doivent pas être tenus de présenter d'autre pièce que l'autorisation du directeur de l'établissement où ils sont détenus.

Avant de statuer, j'ai cru devoir consulter M. le Garde des sceaux sur cette question.

Selon mon collègue, si l'on est porté au premier abord à partager l'opinion qui s'en tient à la lettre de l'article 32 de la loi du 21 mars 1832 et en faveur de laquelle on peut invoquer le respect dû à l'autorité paternelle, on est conduit, par un examen plus approfondi, à penser que cette loi, en exigeant le consentement des père, mère ou tuteur, a eu pour but moins de sauvegarder l'autorité paternelle que de faire appel à ceux qui ont le droit de conseiller l'enfant et de le diriger dans le choix d'une carrière. Or, en ce qui concerne les jeunes détenus, ce droit de conseil et de direction appartient exclusivement à l'Administration depuis la loi du 5 août 1850, qui peut être considérée comme créant à cet égard une sorte de *tutelle*. Le patronage implique, en effet, le droit de faire embrasser

---

[1] Les jeunes gens détenus après acquittement, en vertu de l'article 66 du Code pénal, n'ont pas besoin, pour s'engager, du consentement de leurs père, mère ou tuteur.

à l'enfant une profession déterminée. Au surplus, les vrais intérêts de ces jeunes gens seront toujours mieux compris par l'Administration qui les a élevés que par les parents qu'une décision judiciaire a implicitement déclarés incapables ou indignes de diriger l'éducation de leurs enfants et privés, jusqu'à un certain point, de leurs droits.

D'après ces considérations, et attendu d'ailleurs qu'un intérêt public s'attache à l'entrée de ces jeunes gens dans l'armée, où ils puisent des sentiments d'honneur et des habitudes de discipline qui en feront plus tard de bons citoyens M. le Ministre de la justice estime que l'Administration, investie du patronage légal, peut être assimilée au tuteur compris dans l'énumération de la loi du 21 mars 1832, qui n'a pu prévoir la situation particulière créée par la loi de 1850.

Je partage complétement cet avis, et je viens d'écrire dans ce sens au Général commandant la 17e division militaire à Bastia.

Agréez, Monsieur le Ministre et cher Collègue, l'assurance de ma haute considération.

Le Maréchal de France,
Ministre Secrétaire d'État de la guerre,

Signé Randon.

Pour copie conforme :

L'Inspecteur général, Chef de la Division des prisons et établissements pénitentiaires,

Jaillant.

ANNEXE C.

PROGRAMME

des conditions à remplir pour la construction ou l'appropriation des cellules de punition et d'isolement.

Les cellules devront être placées de préférence sur le point le plus éloigné des locaux habités par l'ensemble des jeunes détenus.

On disposera, dans les lieux de punition, suivant l'importance de l'effectif, une ou plusieurs cellules obscures et sourdes, avec double porte, double volet, etc.

Les cellules qui seront au rez-de-chaussée devront être préservées de l'humidité.

Chaque cellule aura :

4 mètres de longueur,

2^{m},25 de largeur,

3 mètres de hauteur.

Les murs séparatifs seront pleins et d'une épaisseur de 40 à 50 centimètres, revêtement compris.

La porte sera pleine avec fermeture extérieure, guichet carré de 0^{m},25 de côté, et regard.

La fenêtre sera pratiquée à 2 mètres du sol au moins.

On placera, dans chaque cellule, un lit de camp.

MODÈLES.

ETABLISSEMENT
D'ÉDUCATION CORRECTIONNELLE
d

REGISTRE D'ENTRÉ

NUMÉRO D'ÉCROU.	NOM ET PRÉNOMS.	LIEU ET DATE de naissance.	RELIGION.	FAITS qui ont motivé la poursuite.	TRIBUNAL qui a prononcé.	ARTICLE du CODE PÉNAL (66 ou 67) qui a été appliqué.	DURÉE de la CORRECTION ou de l'emprisonnement.	DATE		
								du JUGEMENT.	DE L'ENTRÉE dans la maison.	de LA SORTIE.

SIGNALEMENT DU JEUNE DÉTENU. OBJETS LUI APPARTENANT.	ANTÉCÉDENTS SOUS LE RAPPORT DU CARACTÈRE, DES MŒURS ET DE LA CONDUITE. Renseignements sur la famille de l'enfant.
Taille { à l'entrée à la sortie Cheveux Sourcils Front Yeux Bouche Nez Menton Visage Teint Signes particuliers :	
Indication des effets d'habillement, argent, bijoux, appartenant à l'enfant.	

MODÈLE N° 1.

..T DE LIBÉRATION.

CAUSES ..E LA SORTIE.	RÉSIDENCE DU JEUNE libéré.	PROFESSION EXERCÉE au dehors.	SECOURS DONNÉS PAR LA MAISON lors de la sortie. En argent.	En effets d'habillement, vivres, etc.	EFFETS D'HABILLEMENT, argent, bijoux rendus à l'enfant.	JUGEMENTS ANTÉRIEURS OU POSTÉRIEURS. MOTIFS ET CIRCONSTANCES PRINCIPALES.

RENSEIGNEMENTS SUR LA CONDUITE ET LE TRAVAIL DE L'ENFANT DANS LA MAISON.

CONDUITE RELIGIEUSE ET MORALE.

L'enfant a-t-il fait sa première communion dans l'établissement?...........

Avait-il des sentiments religieux?...

Quels étaient son caractère, ses mœurs, ses qualités ou ses défauts?.........

A-t-il mérité des récompenses exceptionnelles ou encouru des punitions graves?

INSTRUCTION PRIMAIRE.

A-t-il appris dans la maison { à lire?.............................. à écrire?............................. à calculer?........................... }

Son instruction a-t-elle été poussée plus loin? (Lui a-t-on donné des notions de dessin linéaire, d'arpentage, de géographie, de musique vocale ou instrumentale?)..

Avait-il de l'intelligence et du goût pour le travail?.......................

INSTRUCTION PROFESSIONNELLE.

Quelle profession (agricole ou industrielle) lui a-t-on enseignée?...........

Était-il capable de gagner sa vie par son travail?

RELATIONS AVEC LA FAMILLE.

Avait-il des rapports avec ses parents? Quelle en était la nature?............

Est-il sorti de l'établissement suffisamment corrigé, et peut-on espérer qu'il se conduira honnêtement au dehors?..................................

ETABLISSEMENT
D'ÉDUCATION CORRECTIONNELLE
d

ÉCRITURES RELATIVES

DATES.			PAIN DE SOUPE.		SOUPE MAIGRE :									SOUPE ET PITANCE			
							DENRÉES POUR REMPLACER les légumes verts.					ASSAISONNEMENTS.					
	NOMBRE D'ENFANTS prenant part aux distributions.	PAIN DE RATION À DISCRÉTION.	Soupe maigre, 10 kil. pour 100 enfants.	Soupe grasse, 7 kil. 50 pour 100 enfants.	Légumes verts, 8 kilogr. par 100 enfants.	Pommes de terre, 5 kil. pour 100 enfants.	Légumes secs, 3 kil. pour 100 enfants.	Carottes ou oignons, 3 kil. pour 100 enfants.	Ou pour 100 enfants.	Ou pour 100 enfants.	Ou pour 100 enfants.	Graisse, 1 kil. 50 pour 100 enfants.	Ou beurre, 1 kil. 60 pour 100 enfants.	Viande, 15 kil. pour 100 enfants.	Carottes, 4 kil. pour 100 enfants.	Oignons, 2 kil. pour 100 enfants.	Pommes de terre, 35 kil. pour 100 enfants.

Modèle n° 2.

…AU RÉGIME ALIMENTAIRE.

…RASSES (Dimanche) :				PITANCE GRASSE (Jeudi) :					PITANCE MAIGRE :					OBSERVATIONS.
DENRÉES REMPLAÇANT les pommes de terre.												ASSAISONNEMENTS.		
Légumes secs, 9 kil. pour 100 enfants.	Ou légumes frais, 16 kil. pour 100 enfants.	Ou pour 100 enfants.	Graisse, 0 kil. 50 pour 100 enfants.	Viande, 10 kil. pour 100 enfants.	pour 100 enfants.	Riz ou farine de maïs ou de sarrasin, 6 kil. 50 pour 100 enfants.	Graisse, 0 kil. 50 pour 100 enfants.	Oignons, 2 kil. pour 100 enfants.	Légumes secs, 15 kil. pour 100 enfants.	35 kil. de pommes de terre pour 100 enfants.	pour 100 enfants.	Graisse, 0 kil. 75 pour 100 enfants.	Ou beurre, 0 kil. 80 pour 100 enfants.	

ÉTABLISSEMENT
D'ÉDUCATION CORRECTIONNELLE
d

MODÈLE N° 3.

NOTICE INDIVIDUELLE, STATISTIQUE ET MÉDICALE.

I. NOTICE STATISTIQUE.

N° d'écrou :
Nom et prénoms :
Lieu de naissance :
Âge :
Profession { avant l'entrée : / depuis l'entrée :

Date de l'entrée :
Date du jugement ou de l'arrêt :
Durée de la détention :
Nature du délit :
Époque de la libération :

II. NOTICE MÉDICALE.

1° RENSEIGNEMENTS SUR L'ÉTAT DE SANTÉ AVANT L'ENTRÉE.

Vaccination ou variole.......
Maladies antérieures........
Faits de maladie chez les parents ayant pu exercer une influence héréditaire......

2° ÉTAT CONSTATÉ AU MOMENT DE L'ENTRÉE.

Maladies ou infirmités existant au moment de l'entrée.....
État général des forces et de la constitution.............
Particularités naturelles et artificielles se rapportant au signalement..............

3° ÉTAT DE LA SANTÉ PENDANT LE SÉJOUR DANS L'ÉTABLISSEMENT.

ENTRÉES À L'INFIRMERIE.	1re ADMISSION.	2e ADMISSION.	3e ADMISSION.	4e ADMISSION.
Dates des entrées...........				
Nature des maladies........				
Dates des sorties............				
Nombre de journées d'infirmerie.................				

PRESCRIPTIONS À LA VISITE DE CONSULTATION.

Médicaments ou pansements..
Repos....................
Vivres de supplément.......
Mutation de profession.......
Date de la sortie ou du décès...

4° OBSERVATION MÉDICALE.

ÉTABLISSEMENT
D'ÉDUCATION CORRECTIONNELLE
d

MODÈLE N° 4.

CAHIER
DES PRESCRIPTIONS FAITES A LA VISITE DE L'INFIRMERIE.

ANNÉE MOIS LIT N°

NUMÉROS d'écrou.	NOMS.	ÂGE.	PROFESSION.	DATES			NATURE DE LA MALADIE.
				de L'ENTRÉE à l'infirmerie.	de LA SORTIE de l'infirmerie.	DU DÉCÈS.	

JOURS DU MOIS.	ALIMENTS.		VIN.		REMÈDES ET PRESCRIPTIONS.		OBSERVATIONS.
	MATIN.	SOIR.	MATIN.	SOIR.	INTERNES.	EXTERNES.	

8.

ÉTABLISSEMENT
D'ÉDUCATION CORRECTIONNELLE
d

REGISTRE DE STATIS

NUMÉROS d'ordre.	NOMS.	CONDUITE RELIGIEUSE ET MORALE.				INSTRUCTION PROFESSIONNELLE.	
		RELIGION.	CARACTÈRE.	MŒURS.	RAPPORTS avec la famille.	Travail agricole.	Travail industriel.

Modèle n° 5.

IQUE MORALE.

Résultats obtenus a l'école.						Récompenses.	Punitions.	Motifs des récompenses ou des punitions.
Lecture.	Écriture.	Calcul.	Arpentage.					

[library stamp]

www.ingramcontent.com/pod-product-compliance
Ingram Content Group UK Ltd.
Pitfield, Milton Keynes, MK11 3LW, UK
UKHW020431180726
13839UKWH00003B/1429